Victor Matar

Das Meer der Liebe
- Gedichte -

Victor Matar

Das Meer der Liebe

- Gedichte -

TEBBERT

Die Deutsche Bibliothek - CIP-Einheitsaufnahme

Matar, Victor:
Das Meer der Liebe - Gedichte - /
Victor Matar. - Sendenhorst : Tebbert, 2002
ISBN 3-89738-249-0

1. Auflage: Februar 2002

ISBN 3-89738-249-0

Copyright © Verlag Tebbert GmbH,
Sendenhorst 2002
Alle Rechte vorbehalten

Printed in Germany

Elf Jahre warst Du allein
im Himmel wie ich auf Erden.
Bald werde ich bei Dir sein
und wir wieder vermählt werden.

Inhalt

Friedrich Schiller 11
Über den Libanon 12
Nebel und Geist 13
Liebe ohne Grenzen 14
Mein Mädchen und ich 15
Trinket Wein 16
Als sie mich in die Arme nahm 17
Die Spaziergängerin 18
Sittig werden 19
Selbst betiteln 20
Gegensätze 22
Das unsichtbare Wesen 23
Das sichtbare Wesen 24
Den Kindern vererben 25
Eine Rosendame 26
Im Rollstuhl 27
Wir beide 28
Laß uns begegnen 29
Nur mit dir 30
Frommes Abendmahl 31
Gibt mir die Flöte 32
Übergangszeit 33
Wenn ihr die Sonne folgt 34
Das Duschen einer Nymphe 35
Manche Eltern 36

Die angelehnte Pflanze 37
Vermächtnis der Liebe 38
Ramsisliebe zu Nefertari 39
Die Gefangene der Reichen 40
Vogeljagd 42
Ehrgeiz und Grenzen 43
Frauen Brüste 44
Die goldene Schönheitsfrau 46
Wenn der Reiz die Dämme zerspringt 48
Was Dich allumfassend macht 49
Das himmlische Vereinen 50
Naturspiel 52
Der Abschluß eines Abends 53
Geh durch das Leben 54
Lieber Gott 55
Freie Phantasie 56
Weinen tut gut 57
Mensch und Seele 58
Eine Mole als Laufsteg 60
Leiche meiner Liebe 61
Betrogene Schönheit 62
Verdorbene Liebe 63
Anläßlich Valentinstag 64
Die emporsteigende Sehnsucht 65
Herbstlicher Wind 66
Der verstellte Mensch 67
Das unnachahmliche Werk 68

Die Wiese	69
Der Abschied	70
An das männliche Wesen	71
Der Liebe entgegenkommen	72
Der Sommer	73
Leid dann Freud	74
Du bist unentbehrlich	75
Abwechslungsreich	76
Eine Person	77
Rosengebüsch	78
Das häuslich sein	80
Lieber Göttin als Gattin	81
Verewigen	82
Das leere Herz	83
Scherzen	84
Was ziehst du vor?	85
Ideen	86
Weiblicher Körper	90
Der Tenor	91
Colorado River	94
Der dankbare Sohn appelliert an seinen Vater	96
Die Ehe 1	98
Die Ehe 2	99
Ihr werdet zu Liebe	100
Kleid der Liebe	101
Der Liebe folgen	102
Die Stimme der Liebe	104

Lebendigkeit der Liebe 106
Glaubt an die Liebe 107
Das Meer der Liebe 108
Was die Liebe von euch will 109
Wahrhaftig lieben 110
Die Liebe demütigt nicht 111
Leben und lieben 112
Die Liebe messen und wiegen 113
Die Begegnung mit der Liebe 114
Die Liebe ist mehr als ein Wort 116
Ruf der Liebe 118
Ihr seid die Liebe 120
Der gute Hirte 122
Die Liebe will wahr werden 124
Das Herz einer Frau 125
Licht oder Finster? 132
Idee 133
Sonnenschein 134
Ewige Liebe 135
Idee 136

Friedrich Schiller

Aus Marbach wurde Deine Spur
zum Eckstein der deutschen Kultur.
Dein Leben, das als Knospe starb
das fortwährende Blühen erwarb.

Mit sechsundvierzig bist Du gegangen.
Sein bist Du aber nie vergangen,
denn dDein Wort hat unser Herz
mit Leib und Seele umfangen.

Über den Libanon

Das erste Bankwesen
ist im Libanon gewesen.
Dort das erste Schiff
Die Meeresoberfläche schliff.

Die Phönizier im Gebet
erfanden das erste Alphabet.
Ihre Städte und Tempeln
Signieren ihr Wissen und Stempeln.

Davids Sarg aus *Zedern Holz*
angefertigt mit Ehre und Stolz.
Auch Jesus betrat dieses Land
und berührte es mit göttlicher Hand.

Alexander der Große wahrlich
blieb entschlossen und beharrlich.
Tyrus' Festung eroberte er
als einziger mit seinem Heer.

In diesem Land waren Osmanen
als Herrscher, als Tyrannen.
Ihre Taten das Volk vertrieben
doch der Libanon ist geblieben.

Nebel und Geist

Der Nebel in der Sonne
Scheint wie ein Geist
Der vor lauter Wonne
In den Himmel reist

Beide ergänzen den Strahl
einer klaren Sicht.
Der Geist in deinem All
der Nebel vorm Gesicht.

Liebe ohne Grenzen

Laß uns einander lieben
uns in unsere Träume verlieben
und tief hinein zu tauchen
den Frieden wie Atem zu hauchen.
Deine Blicke stechen meinen Sinn
Und zeigen mir wer ich bin.
Von Deiner Liebe bin durchströmt,
Tausendmal gekreuzigt. Tausendmal gekrönt.

Der Himmel liegt auf Deiner Hand
wie zartes Blatt der Frühlingszeit
am Zärtlichsein Deiner Zärtlichkeit
verstärkt sich in mir der Herzenbrand
Ich zähle nicht Deine Wunderküsse
wenn einer heilt, anderer verwundet
wie deren Mischung mein All erkundet
aufreißt mein Herz wie Wendenschüsse.

Kommen und gehen zum selben Ort
heißt Ewigkeit verrät das Wort.
in Deinen Armen wie Wimperschlag
Äonen vergehen, doch nicht der Tag.
Deine Liebesflamme erfaßt meinen Stolz
verzehrt sie ihn wie trockenes Holz
in Deinem Wind seine Asche fliegt
zum Gottes Schoß, auf dem sie liegt.

Mein Mädchen und ich

Willenskraft, Willensmut
meinem Mädchen gutes tut
sowie auch mir.
lange wartet deine Brust
mir zu zeigen deine Lust
sowie auch Dir.

Liebe heute, liebe morgen
werfe ab jene Sorgen
um aufzugehen.
Sanfter Trauer großer Pein
wird das Ende nahe sein
du wirst sehen.

Ganz dezent auf dem Heu
liegen wir etwas scheu
und denken daran.
Ihre Augen sagen mir
meine Brüste gehören dir
faß' sie an.

Es ohne Schrei ohne Wehr
tun wir und möchten mehr
es war neu.
was wir beide uns versteckt
lange Zeit nicht erweckt
wurde treu.

Trinket Wein

Trinket Wein, trinket nur
schmecket ihn einfach pur
in der Kehle.
Schenket doch weiter ein
lasset heute ewig sein
wie die Seele.

Morgen wieder geht euch ein
was ihr heute durch den Wein
zum Himmel hebet.
Eure Gläser stoßet an
liebe Freunde bleibet dran
und lange lebet.

Als sie mich in die Arme nahm

Sie legte mir den Körper lahm
als sie mich in die Arme nahm
mein Geist war von mir geschieden
und schwebte bei ihr in Frieden.

dann drückte sie mir den Lippensaum
so fest wie das Harz am Baum
und so blieben wir eine Weile
denn wir waren nicht in Eile.

Ihr Drücken ließ allmählich nach
und als erstes stöhnte ich Ach
befreit lag ich in ihrem Schoß
in den ich meine Gefühle goß.

Über mir ihr Haupt sie neigte
und schien wie von oben herab steigte
da spürten sich zittrig meine Glieder
als ich meinen Geist erkannte wieder.

Die Spaziergängerin

Komm zu mir oh Schöne
und lausche meine Herztöne
pausenlos sind sie am probieren
für dich ein Lied zu musizieren.

Dabei lassen sie sich nicht beirren
und nichts kann sie je verwirren
fixiert sind sie auf ein Konzept
sie nannten es das Wunderrezept.

Auf Dich geschnitten ihre Rhythmen
die sie Dir werden widmen
auf Deinem Schritt, in Deinem Takt
klingen die Rhythmen ganz exakt.

Sittig werden

Lebt und werdet sittig
dem Leben großer Fittich
bedeckt euch nur der Flaum
so flattert ihr im engsten Raum.

Ihr seid des Lebens Schmuck
wie dem Gebäude verzierter Stuck
wie zum Leben Eure Beziehung
erhält oder zerfällt die Verziehung.

schenkt was sich in euch bietet
dessen Herausdrängen nicht verbietet
was euch gestaltete, was ist und war
ist euch allen, ist der Erfüllung bar.

Selbst betiteln

Die Tage mich zu Dir führten
meine Blicke die Deinen rührten
erhofft mein Herz ihm zu gewähren
sich von Dir mit Deinem zu mehren.

Dein Bild erscheint wie Himmelsfern
leuchtet die Nacht gleich dem Stern
mein Herz pocht, das Feuer weht
dich zu lieben ist nie zu spät.

Vergeht die Zeit, wir bleiben stehen
entbrannte Herzen in eins zergehen
was mir entfloh gib mir nicht zurück
Du hast ziseliert das ewige Glück.

Der Schmerzen Scheitel das Heil erhielt
wie leuchtende Ikone die Freude quillt
doch nicht dauerhaft was Glück verspricht
wieder in zwei das Gegossene bricht.

Dem Weg stütze dein sanftes Gesicht
vertreibt das Dunkle, entschleiert Licht
Dein Gazeschal um das Herz gebunden
aus tiefer Brust des Herzens Wunden.

Mein Leben schwindet, Dein Hals entblößt
der Wunder Schal mein Herz erlöst.

Gegensätze

Im Freien toben
alle Elemente
sie seien geloben
für manche Momente.

Am Kamin schmusig liegt
ein junges Paar
sich in der Liebe wiegt
wie Feder und Haar.

Das unsichtbare Wesen

Am unbekannten Bild, unsichtbaren Wesen
freut sich der Mensch, er ist das gleiche gewesen.
In der Gegenwart verbirgt sich die Ewigkeit
wo Ihr einmal wart in geistlicher Geselligkeit.

Was der Mensch war zieht sich fort
rastlos Wege leuchten da und dort.
Wer seine Wege wandert blickt nach vorne
erhält aufgesetzt die geistliche Krone.

Sein schaffendes Handeln sein großes Bemühen
Sittlicher Lebenswandel beginnt zu blühen.
Was der Zeit entgeht sich in euch treibt
die Unermeßlichkeit vergeht, der Beginn bleibt.

Das sichtbare Wesen

Das erste Bild, sichtbart den Beginn
Ein kleines Kind, unschätzbaren Gewinn.
In der Welt mit ähnlichen Bildern
wird man ihm die Wege schildern.

Im Grenzenlosen Eindrücke verschwinden
sich im Innern erneut verbinden.
Behaust den Beginn, der Lebensfülle
die wahre Pracht, des Bildes Hülle.

Den Kindern vererben

Nicht das Verderben
den Kindern vererben
wenn Ihr suchtet vergebens
den Sinn des Lebens.

Laßt sie wählen
was sie anspricht
erfüllt ihre Seelen
und Hoffnung verspricht.

Darum solltet Ihr
heute und hier
mit guten Manieren
ihre Wege planieren.

Eine Rosendame

Sie zu der Rose bückt
und streckt den Arm
ausgewählte Sie pflückt
erfüllt mit Charme.

Wer kam zusehen
wie Rose Rose pflückt
konnte es genüßlich spähen
und war davon entzückt.

Alle hatten übersehen
die Schramme an ihrer Haut
die Stacheln es begehen
an der, die Rosen klaut.

Die Rose erlaubt nur dem Mann
sie ungefährdet zu erreichen
und hofft, daß Er das kann
sie der Rosendame zu überreichen.

Im Rollstuhl

Ich sehe ihn im Rollstuhl
mich zu ihm zieht mein Gefühl
die Blicke vieler werden zu Schranken
statt sie Gott von Herzen danken.

Wir beide

Reichlich Mut hast Du ergriffen
auch dein Vorhaben gründlich begriffen
Du schworst mein Ende, den bitteren Ruin
mit Deinen Händen zum Ende hin.

Auf meiner Haut Deine Finger rannten
wie Nadeltannen in das Gewebe grannten
nun sehe ich aus so sehr blutig
mehr liebe ich Dich, Du bist gütig.

Jahre vergangen mit uns beiden
Viele dachten, ich würde leiden.
Oft in der Liebe wird der Überdruß
zum besten Freund zum besten Genuß.

Laß uns begegnen

Laß uns endlich begegnen
am Ort deiner Wahl
es wird in Tränen regnen
vor Freude und Augenstrahl.

Wo lebst du all die Jahre
die mir verloren gehen?
Wie Saiten einer Gitarre
meine Ader stramm stehen.

Dich nah zu spüren
wie die eigene Haut
Dein ersehntes Berühren
mir die Ferne klaut.

Nur mit dir

Hoffnungsvolle Tage mein Leben bestimmen
doch Deine Liebe mir bleibt verwehrt
in mir schmerzhafter als das Schwert
meiner Seele sind die Stimmen.

Nur mit Dir wird wahr das Leben
Träume sich zur Wirklichkeit erheben
wo zu seinem Sinn mein Leben gelangt
wenn wir uns im Sein erleben.

Mich wird nichts aufhalten können
wie rasender Fluß dem Ziel entgegen
mein ich zu haben, ist Dir zu gönnen
so habe ich auch Dich und lebe deswegen.

Frommes Abendmahl

Am Tisch ihr Gegenüber
ein junger Mann saß
sein Verlangen quillt über
während er frommig aß.

Ihr den Arm galant
hat er zaudernd geboten
schnell hat sie erkannt
Absicht seiner Vorboten.

Ihm kam sie entgegen
und war sehr charmant,
er fühlte ihr Segen
wie wahrhafter Zelebrant.

Sie war seine Sonne
wie er ihr Mondschein
als weder Mönch noch Nonne
hätten mehr andächtig sein.

Gibt mir die Flöte

Gib mir die Flöte
wenn Ihr wirklich weißt
was entfernt die Nöte
und Frieden willkommen heißt.

Gibt mir die Flöte
und seid unbesorgt
Sie bei der Morgenröte
meine Seele versorgt.

Übergangszeit

Wenn Schnee die Erde befleckt
und Kälte wird ein muß
so wird munter erweckt
der gesandte Wintergruß.

Der Zeitübergang ist Garant
daß Schnee in das Erdreich
sickert vom Schmelzen übermannt
wo Leben gedeiht zugleich.

Durch Wurzeln im Stamm weilt
das mit Grün Äste kleidet
zum Frühling hinüber eilt
was nicht im Winter scheidet.

Wenn ihr die Sonne folgt

Weich die Welle den Sand
streichelt ohne Zügel,
So öffnete die weibliche Hand
geschlossene Fensterflügel.

Dabei war sie am Lüften
ihr schönes Gemach
das erblicken ihrer Hüften
wie heiße Sonne stach.

Von Fenster zu Fenster sie schritt
bis sich der Zug bildete
während im All ein Körper glitt
der sich an ihr bindete.

Ihrer Ausstrahlung Volumen
ließ der Sonne keine Wahl
gleich den Sonnenblumen
folgte ihr der Sonnenstrahl.

Das Duschen einer Nymphe

Den Wasserhahn dreht sie auf
so nimmt das Wasser seinen Lauf
ihr Leib wird gänzlich benetzt
was das Perlenglitzern ersetzt.

In Form von Wassertropfen
Perlen vom Leibe abtropfen
ihre Hand die Brust streichelt
wie sie sich tiefer schmeichelt.

Ihre Brust wie leuchtender Planet
betropft den schmeichelnden Komet
es leuchtet in allen Winkeln
verstärkt zwischen den Oberschenkeln.

Was ich darüber schreibe?
Gestirne verteilt am Leibe
und Perlen in großer Zahl
Glitzern am Leibe überall.

Manche Eltern

Manche Eltern möchten oft
nicht das, was ihr Kind hofft
Ihre Welt ihm aufzuzwingen
wird wohl keinen weiterbringen.

Manche Eltern wollen im Leben
ihre Wünsche durch ihr Kind erleben.
Das soll ihrem Kind vor allem
das beste sein von allem.

Manche Eltern wollen nicht versuchen
die neuere Welt aufzusuchen,
wo sich ihr Kind aufhält
und sich dementsprechend verhält.

Manche Eltern sind der Ansicht
ihre Welt prägt das wahre Gesicht
unserem Kind wird wohl genügen
sich unserem Willen zuzufügen.

Manche Eltern vergessen es gern
wie sehr sind Sie von ihm fern
auch wenn seine Welt ist der Ableger
und die der Eltern dessen Träger.

Manche Eltern...

Die angelehnte Pflanze

Im Zimmer am Rand
steht eine Pflanze
angelehnt an der Wand
und leuchtet im Glanze.

Ihre Blätter geschmeidig
an der Wand liegen
standhalten sie kämpferisch,
um nicht zu biegen.

Zwei Blumen in der Mitte,
eine groß, eine klein,
sie wachsen wie die Sitte
im standhaften Zusammensein.

Euch solltet ihr auch
dies in das Herz nehmen
und betrachtet als Brauch
ihr gutes Benehmen.

Vermächtnis der Liebe

Wer will die Liebe hassen
weil sich Millionen verlassen?
Aber sich von neuem verlieben
von Sehnsucht und Hoffnung getrieben.

Wer will die Liebe zerstören
weil sich Millionen verlören?
Unbefangen auf den Partner zuzugehen
läßt selbstgemachte Probleme vergehen.

Wer will die Liebe verneinen
wenn sich Millionen vereinen?
Mit Gefühle sie zu schmücken
würdet euch damit beglücken.

wer will die Liebe verschmähen
und ihre Absichten verdrehen?
wenn sie wie Balsam die Nationen
heilt von genisteten Depressionen.

Wer will die Liebe nicht lieben
mit all ihren Sinnen und Trieben?
Wenn tief in eurem Gedächtnis
hinterläßt sie ihr Vermächtnis.

Ramsisliebe zu Nefertari

Nefertari, die Allerschönste
machte dem Namen alle Ehre
Ramsis ließ sie als das höchste
erheben in seiner Weltsphäre.

Er ließ sie mit Skulpturen verwöhnen
und sie von den Göttern krönen
um Nefertaris ewigen Erhalt
brach Ramsis den Pharaonen Vorbehalt.

Von Göttern gekrönt zu werden
war den Pharaonen vorbehalten
Ramsis wollte Nefertari auf Erden
ewig wie im Himmel erhalten.

Die Gefangene der Reichen

Du Gefangene der Reichen
solltest Deine Hände reichen
wahre Liebe rettet und würde
für glückliches Leben reichen.

Überhäuft mit Juwelen
die Dein Herz befehlen
zwischen Liebe und Liebe
darfst Du nicht wählen.

Liebe zu den Gegenständen
wackelt je nach Umständen
Liebe zu Dir zu Deinem ICH
hast immer in Deinen Händen.

Liebe, die man erzwingt
ist nicht von langer Dauer.
Das Trauma sie mitbringt,
um es zu sagen genauer.

Du lebst in einer Zwickmühle
dauernd hin und her gerissen
die Armut der Gefühle
hat Deine Seele zerrissen.

Reich nach außen hin
Dir den Rest raubt
was noch in Deinem Sinn
immer an Dich glaubt.

Vogeljagd

Im Sommer auf dem Feld
war einmal ein Jäger
er hängt wie ein Held
die Beute am Hosenträger.

Mit Adleraugen er wacht
geduldig auf den Vogelzug
er schießt wie auf der Schlacht
und unterbricht den Vogelflug.

Wie ein Stein zu Boden
stürzt der Hoffnungsträger
zu den anderen geschoben
hat ihn der Jäger.

Hört auf zu vermindern
die Zahl der Naturtöne
wir alle sollten verhindern
das Verschwinden ihrer Söhne.

Ehrgeiz und Grenzen

Vor hat sie viel
im Leben zu erreichen
mit elegantem, schlichtem Stil
setzt sie ein Zeichen.

Zwischen Wunsch und Realität
liegt eine große Kluft
auf einer Seite sie steht
ihr dünn wird die Luft.

In sich unmerklich wütet
der Wille zum Weitergehen
ihren Scharfsinn sie hütet
und bleibt überlegend stehen.

Die Zeit wird entscheiden
wann sich die Kluft schließt,
um die Träne zu vermeiden
die aus Enttäuschung fließt.

Frauen Brüste

Wenn das Kleid erlaubt
den Blick zu richten
auf der Brüste Haupt
um darüber zu berichten.

Ich erkenne die Fülle
der Augen Begierde
beherbergt als Schatulle
den Schatz der Zierde.

Zwei Spitzen krönen
Himalaja Berge
sie zu verwöhnen
ist meine Stärke.

Wie bariquebau Weine
berauschen sie den Sinn
große dann kleine
nehmen Dich dahin.

In ihnen wohnen
unstillbare Quellen
deshalb sie thronen
wie hohe Wellen.

Voll ist die Hand
von deren Rundung
und spürt den Rand
deren Vollendung.

Die goldene Schönheitsfrau

Am Meeres Rand
in Sonnenglut
der Sonnenbrand
pulsiert ihr Blut.

In ihren Haaren
die Sonne ruht
Menschen in scharen
strömen wie Flut.

Ihr luftiges Erscheinen
unterhalb der Hüfte
zwischen den Beinen
spielen die Lüfte.

Den Oberkörper noch mehr
aussetzte sie den Lüften
wie ein Blumen Meer
ist er am duften.

Ihre Gangweise
den Atem stockt
verschiedene Kreise
hat sie verlockt.

Sie geht unbeeindruckt
ob sie alleine wäre
lächelnd sie verdrückt
Flut der Menschen Meere.

Wenn der Reiz die Dämme zerspringt

Du bist zum Anbeten
in die Welt gekommen
Gottlose und Frommen
diese Ansicht vertreten.

Die Stille der Nacht
willst Du verwandeln
dies bezeugt das Wandeln
Deiner sinnlichen Tracht.

Nicht mit einer Gaze
beim vulkanischen Kerzenschein
zu liegen auf der Matratze
aus Blumen und Elfenbein.

Das zersprengt die Dämme
meiner restlichen Vernunft
und verleugne die Stämme
meiner wahrlichen Herkunft.

Was Dich allumfassend macht

Wenn Dich flankieren
Himmel und Erde
werden Gesichter flappieren
wie Menschen Gebärde.

Anlaß zu Gaffen
gibt es zumal
Irdisches Weltall
hast Du geschaffen.

Die Weltanschauung
in Deinem Körper
stößt auf Zustimmung
der himmlischen Körper.

Allumfassend Deine Lebensfigur
wird durch das Lebensrad,
das Dich auf dem Lebenspfad
führt zu meiner Spur.

Das himmlische Vereinen

Ich seit Jahren trimme
die Bänder meiner Stimme,
um vorzutragen ein Liebesgedicht
aus Deiner, aus meiner Sicht.

Mein Herz schrieb die Worte
die ich herzlich befürworte
sie stellen nicht in Frage
was ich mit ihm ertrage.

Meine Tränen sind der Ertrag
den Du erntest jeden Tag
und sammelst mich in einem Becken
woraus Mond und Sonne lecken.

Ihre Strahlen sind der Sog
der mich zu Dir zog
Deine Tränen waren voraus gezogen
Hoffnungsvoll in den Himmel geflogen.

Heimlich warst Du am weinen
unsere Liebe ist nicht zu verneinen
deshalb mußte ich auch weinen
damit wir uns himmlisch vereinen.

Eine Liebe die verzehrt
alles was sie verehrt
mußten wir getrennt durchleben
um uns in ihr zu erheben.

Naturspiel

Einen Hasen habe ich erblickt
er bewegte sich ganz geschickt
und rannte ziemlich schnell
mit seinem leichten Fell.

Am nächsten Tag unerfreut
traf ich ihn erneut
schmerzlich war das Hasenbild
zugerichtet von wilden Wild.

Regungslos als tägliches Brot
diente er mit seinem Tod
gerne wüßte ich den Täter
den Aasfrässer, den Verräter.

Der Abschluß eines Abends

Du wirkst erhaben
trotz der Gehaben
Deiner blauen Gäste.

Nicht zu ertragen
ihr furchtbares sagen
laß sie tragen
hinaus am besten.

Nach wenigen Fragen
nichts zu klagen
werden wir wagen
ohne uns zu plagen
gemeinsam zu Nestern.

Geh durch das Leben

Geh durch das Leben und sei
Einer der glaubt an die Drei
Gott, Sohn und heiliger Geist
die man innig lobt und preist.

Geh durch das Leben und dringe
in die geistliche Welt und singe
Ehre sei dem Seelenretter allein
dessen Blut heilig und rein.

Geh durch das Leben und vertraue
Gottes Basis und darauf baue
Deine Hoffnung und Haus der Ewigkeit
die er hält als einziger bereit.

Lieber Gott

Meine Existenz gabst Du mir
und ich empfing sie mit Preisen
zu Keinem flüchte ich außer Dir
um in standhafter Liebe zu reisen.

Auf der Reise entdeckte ich weiter
eine barmherzige Welt und mehr
wer besonnen sein will und heiter
richtet sich nach Dir oh Herr

In Deinem Sinne lebe ich
mein Herz in deiner Wärme glüht
heute und ewig liebe ich Dich
worin mein Leben treibt und blüht.

Freie Phantasie

Ich zum Himmel fliege
wenn dies in meiner Hand liege
und baue Dir ein Märchenschloß
aus Sternen und Sonne bloß.

Ein Schloß dessen Fundament
das glorreiche Firmament
ein Mond wie Straßenlaterne
scheint jenseits der Sterne.

Dir einen Schloßgarten zu schenken
der übersteigt jenes Denken
der Kosmos wird es werden
wie der Lenz auf Erden.

Weinen tut gut

Am Gestade Deiner Wangen
liegen die Kummer zerstreut
worüber das Meer Deiner Augen
nach seinem Tosen freut.

Die Gischt fiel senkrecht nieder
und war in die Erde zu fliehen.
Widerhallen sich traurige Lieder
die sie zu singen schien.

Mit sich hat sie genommen
all den Kummer und mehr
die Erleichterung hat es vernommen
in Deinem durchsichtigen Meer.

Mensch und Seele

Mensch:
So schnell gehe ich verloren
wie der Wind in der Luft
wofür bin ich geboren
was bedeutet die Zukunft?

Seele:
Was liegt an sage es mir
vielleicht kann ich Dir helfen
ich schwebe doch in Dir
und höher als die Wolken

M.
Mein Herz ist gebrochen
Der Atem zentnerschwer
Was habe ich verbrochen
Wer brachte mich hierher?

S.
Nun mußt du es verstehen
und mich einfach begleiten
mein Wille wird geschehen
in allen Einzelheiten.

M.
Dein Wille wird geschehen
weshalb meiner nicht?
gemeinsam werden wir gehen
wie Dunkel und Licht.

S.
Ich bin was Du suchst
in mir ist was Du bist
ob Jude oder Buddhist
als Moslem und Christ.

M.
Ich schaue in mir tiefer
und finde das Edle drin
verstärkt meine Glieder
reich an Lebenssinn.

Eine Mole als Laufsteg

Steine werden geworfen
in die Tiefe der Meere
die Verursacher hoffen
es entsteht eine Mole.

Dieser Mühe ist gelungen
eine Mole zu bilden
als Laufsteg wird sie benutzt
wohin Modefans schauen verdutzt.

Frühlingskollektion wird präsentiert
durch das schönste Fotomodell
ihre Figur wie ziseliert
wirkt taghell.

Ihre Größe majestätisch
wandert hin und zurück
ihr schweigen poetisch
verrät ewiges Glück.

Leiche meiner Liebe

Auf Deine Beerdigung kam ich auch
und sehe wie alle Dich anblicken
vergeblich versucht mein Hauch
Dich zum Leben zu erquicken.

Unter den Jaulenden Dein Leichnam
liegt friedlich und still
jeder von uns beiden ist einsam
ich hoffe Du willst was ich will.

An der Leiche zu knien
Gott anflehend zuzulassen
mit Dir zusammen zu fliehen
um gemeinsam zu verblassen.

Betrogene Schönheit

Schönheit bewahrt die Aufmerksamkeit
Lenkt die Blicke auf sich allein
Verdorbenes Denken der Denkbarkeit
Schande trägt, trübt den Schein.

Vorgetäuschter Sinn um Dich wirbt
Dir in das Herz die List fließt
Jung Dein Lenz betrogen stirbt
zwangserfüllt die Tränen gießt.

Verdorbene Liebe

Schönheit die Schmach erfährt
verteilt unwissend ihren Wert
das kostbare ihrer Kostbarkeit
sich der Reinheit entehrt.

Reitend auf illusorischen Wellen
wird sich die Schönheit stellen
dem Rückgang ihrer Strömung
und schwach währende Quellen.

Anläßlich Valentinstag

Schatz, heute ist Valentinstag
den ich deinetwegen gerne mag
Blumen solltest Du haben
die werde ich Dir von weitem tragen.

Wenn mich unterwegs Leute fragen
wo hast Du die Blumen her?
Allen werde ich einfach sagen
die gibt es nirgendwo mehr.

Mit Liebe suchte ich sie aus
mit Liebe trug ich sie in das Haus
mit Liebe gebe ich sie Dir
gebunden als Blumenstrauß.

Die emporsteigende Sehnsucht

Draußen an der Tür
stehe ich im Schneefall
meine Sehnsucht nach Dir
vergrößert sich in diesem Fall.

Ratlos bin ich nun
ich komme nicht voran
sage mir was kann ich tun
und worauf kommt es an.

Dadurch möchte ich Dich flehen
zum Fenster zu eilen
mich in die Augen zu sehen
meine Wunde zu heilen.

Wie sehr ich an Dir hänge
kann keiner mir sagen
ich glaube und ich denke
Dich im herzen zu tragen.

Draußen an der Tür
stehe ich im Schneefall
meine Sehnsucht nach Dir
vergrößert sich in diesem Fall.

Herbstlicher Wind

Rötlich schaut die Erde
die Äste stehen kahl
vergangen sind die Milde
Frühlingslüfte überall.

Am Boden liegt nieder
die Pracht der Äste
Später tragen sie wieder
die Trachten der Hitze.

Des Windes Kraft trägt
das lose ohne Halt
fortwährend wird geprägt
was sich in die Erde krallt.

Der verstellte Mensch

Etliche Gesichter hast Du
nur eines ist wunderbar
in der Täuschung leben willst Du
das ist traurig aber wahr.

Wie alle bist Du da
am Leben teilzunehmen
sei Du selbst und klar
brauchst Dich nicht zu schämen.

Das unnachahmliche Werk

Manche gehen spazieren
die Landschaft zu imitieren
Eindrücke werden verleiht
was Neugierde vorantreibt.

Präzis wird geschaut
um genauer zu erkennen
es wird nicht geglaubt
was den Augen beschieden.

Es geht behutsam weiter
höchst aufmerksam und heiter
Respekt vor Gottes Werken
geschaffen mit heiligen Worten.

Als einzigartiges Gemälde
ist die Welt anzuschauen
Fauna und Flora sind beide
nach dem höchsten zu vertrauen.

Den Menschen ist gegeben
alles was das Herz begehrt
gebt euch damit zufrieden
so wird der Schöpfer verehrt.

Die Wiese

Um die Zeit ist nicht schade
bei Dir zu verbringen
ein Geschenk, daß es Dich gäbe
ist und werde bleiben.

Dich will ich nicht pflücken
um verbraucht zu werden
Dich will ich zusätzlich schmücken
des Augenlichtes wegen.

Der Abschied

Die Körper werden getrennt
wie auseinandergerissen
im Herzen das Feuer brennt
um sich gegenseitig zu vermissen.

Auf den Lippen ein Lächeln
ist nicht zu übersehen
das ist das Versprechen
die Treue zum Wiedersehen.

An das männliche Wesen

Wie ich die Frau betrachte
kannst Du nicht erkennen
was sie aus mir machte
das werde ich bekennen.

Als Fundament der Menschheit
ist sie anzuschauen
auf sie die Ganzheit
ist zurückzuführen.

Wirst Du es verleugnen
trotz Deiner Herkunft?
kannst Du Dich nicht freuen
auf die Ergänzung der Zukunft?

Eine Quelle der Zuneigung
erfüllt die Frau Seelenrand
sie verliert nie die Hoffnung
und reicht Dir ihre Hand.

Der Liebe entgegenkommen

Die Liebe spricht eigene Sprache
die man fühlt und versteht
ehre sie, und Wegweiser mache
solange sie noch besteht.

Warte nicht auf bessere Zeiten
um die Liebe zu begleiten
auf ihren Wegen in Dir hinein
wo deren Wurzeln mögen sein.

Dasselbe Ziel gemeinsam
sollten wir anstreben
großzügig nicht sparsam
zur Liebe zu werden.

Der Sommer

Willkommen schöner Sommer
mit Deiner Heiterkeit
der wärmste bist Du immer
in Deiner Herrlichkeit.

Häuser werden verlassen
um Dich zu erleben
Antlitze die verblassen
sich in Dich verlieben.

Die Herzen schwingen
mitten in der Sonne
Junge und Mädchen
genießen diese Wonne.

Spielplätze der Kinder
belebst Du dicht
im Sand die Muster
vermitteln Zuversicht.

Dem Himmel ohne Wolken
entspricht Dein Gesicht
Dir ist alles zu verdanken
in jeder Hinsicht.

Leid dann Freud

Der Liebe Wind glühend
in meinen Venen fließt
das Herz blühend
die Tränen vergießt.

Die Blüte der Lenze
ließ die Kälte erfrieren
wie meine Liebeskränze
bin ich am verlieren.

Frage nicht, woran es liegt
daß ich noch eifrig bin
in Dich bin ich verliebt,
das gibt dem Leben Sinn.

Mit Liebe und Rücksicht
sind die Zungen gesegnet,
damit das Herz nicht bricht
werden die Wege geebnet.

Du bist unentbehrlich

Er
Verzeihe mir Geliebte
wenn ich Dich endlos liebte
krönen wollte ich Dich
wie die Lilie deren Kelch.
Sie
Ich fühlte mich überfallen
und doch hat es mir gefallen
mein ganzes Ich hast Du verwöhnt
das war ich ja nicht gewöhnt.
Er
Ich habe nicht gewußt
mehr Nachsicht wäre angebracht
die Lage ist mir nun bewußt
darauf nehme ich acht.
Sie
Liebevoll bist Du mein Liebster
mein wahrer Erster mein Letzter,
umarme mich so fest Du kannst
meine Worte meine ich ernst.
Er
Dich meine Arme umschließen
nur so kann ich das Leben genießen
ich sage Dir wahrlich
Du bist für mich unentbehrlich.

Abwechslungsreich

Die Liebe für sich
ist eine Religion
ihre Ausübung ist perlig
deren Dauer ein Äon.

Wiederum ist sie wirklich
wie Wimperzucken vorbei
die Erinnerung bleibt verläßlich
die Bilder herrschend dabei.

Ausgleichen könnte man die Lage
wenn man sie wahrnimmt
und das Resultat vieler Tage
mit Vernunft vernimmt.

Eine Person

Er war ein Elektriker
daran hatte er viel Spaß
aus ihm wurde ein Denker
dessen Gedanken scharfes Glas.

Die körperliche Arbeit
entlastet den Geist
während die geistige Arbeit
den Körper willkommen heißt.

Ein Zeugnis der Toleranz
setzen beide Bereiche
entfernt von der Arroganz
genießen sie das gleiche.

Rosengebüsch

Das Rosengebüsch weilt und treibt
und von der Stille umringt
bewahrt von innerer Schönheit
woraus sie eifrig dringt.

Die Blätter der Rosen
sind durchsiebt und zerstört
von heftigem Tosen
das zur Gewalt gehört.

Trotzdem die geruchvolle Lage
dehnt sich unbeeindruckt aus
so wurden an diesem Tage
die Rosen zu Blumenstrauß.

Die Hand des Verliebten
hält ihn äußerst fest
als Geschenk zur Geliebten
zu ihrem Geburtstagsfest.

Die Geliebte singend
preßte beide an die Brust
der Verliebte seufzend
genießt diese Gunst.

Seht die verformten Rosen
unterlagen keiner Macht
wie das innere des Menschen
dessen Charakter ausmacht.

Das häuslich sein

In der Küche zu hantieren
werde ich mich sicher blamieren
deshalb ist den meisten Frauen
die Küchenarbeit zu vertrauen.

Im Wohnzimmer mit Gästen
plaudere ich am besten
während die Frauen phantasieren
am kochen, backen und fritieren.

Sie decken den großen Tisch
mit Salat, Fleisch und Fisch
so richten wir was da lag
das jeder von uns gerne mag.

Dann saßen wir um den Tisch herum
und bei Allen ging es darum
den Frauen Freude zu bereiten
die das feine Essen zubereiteten.

Lieber Göttin als Gattin

Im kleinen Haus am Fluß
lebt die Frau meiner Träume
schöne Aussichten im Überfluß
umfassen all ihre Räume.

Wenn ihre Träume am Morgen
sie dem Tag freigeben
so fängt sie an zu träumen
das Geträumte zu erleben.

Von der anderen Flußseite
nehme ich wahr
was sich alles heute
versteckt in ihrem Haar.

Sobald die Sonne es berührt
entfalten sich seine Glänze
wie nie zuvor werden gerührt
die Farben der Lenze.

Diese Schönheit als Gattin
möchte ich nicht erwerben
lieber bleibt sie die Göttin
aller Verlangen und streben.

Verewigen

An der Haustüre zur Wiese
standen wir auf Abstand
plötzlich wehte eine Brise
und reichte einander die Hand.

In die Augen wir blickten
jeder den anderen verstand
mit den Häuptern wir nickten
und ignorierten den Verstand.

Wir gingen hinein in das Haus
um das Zusammensein zu zelebrieren
die Heizgeräte waren aus
und wir fest am frieren.

Um uns legten wir die Arme
und schienen wie festgeklebt
steigen spürten wir die Wärme
die sich in uns erhebt.

Die Sehnsucht meiner Seele
schloß sich ihrer an
zu verewigen das Geschehene
dachten wir schmiegend daran.

Das leere Herz

Verflucht ist die Zeit
die in der Einsamkeit vergeht
die Hölle macht sich breit
wenn das Herz leer steht.

Die Tatsachen sind schmerzhaft
wenn man nur daran denkt
ein Herz in eigener Herrschaft
Gefühle zu zeigen verlernt.

Wer versucht dies zu ändern
der wird bald wieder lachen
das wird die Schmerzen lindern
und die Einsamkeitseisen krachen.

Wie das passieren kann
ist leicht zu erklären
klare Gedanken sollte man
auch im Herzen bewahren.

Scherzen

Eine Orange für Dich
würde ich schälen
wenn Du wirklich mich
aufhörst zu quälen.

Auf der Zunge zergeht ihr Saft
das trockene wird erfrischt
und schenkt Dir unheimliche Kraft
und bewahrt Dein Gewicht.

Sie sagte nein danke
mir gefalle ich so
behalte die Orange
dann bin ich froh.

Was ziehst du vor?

Dich festzuhalten
an der Lebenslust
führt zum Verhalten
zum Selbstverlust.

Dich festzuhalten
an geistlichen Sinnen
führt zum walten
im Selbstgewinnen.

Ideen

Ich möchte ein Dichter sein
um Allen zu sagen
die meine Stimme im Herzen tragen
zauberhafte Schmeicheleien.

* *

Ich suche und finde nicht
was ich hier zu suchen habe
ich trage Dich als ewige Pflicht
im Herzen wie im ewigen Grabe.

* *

Die Wolken lösen sich auf
in Wasser zu uns nieder
zu vervollständigen sie deren Lauf
emporsteigen sie wieder.

* *

Deine Beine entlang
streifte Sacht meine Haut
Dein Seufzen erstickend klang
mal leise mal laut.

Zu Dir will ich ganz gehören
mit all meinen Sinnen
kannst Du mein Herz sagen hören
Dein Platz ist da drinnen?

* *

Wie sich die Flüsse anschließen
dem Gewässer dem sie vertrauen
so gern würde ich fließen
in den Adern der Frauen.

* *

Der Erde Niedrigkeit
entstand durch den Himmel
droben herrscht Klarheit
auf Erden das Getümmel.

* *

So durststillend und zart
ist die Weiblichkeit
Gleichermaßen ist sie hart
wie Risse der Trockenheit.

* *

Die gewaltige Männlichkeit
besteht um zu dienen
dem weiblichen der Weiblichkeit
mögen sie einander verdienen.

* * * * * * * * * * * * * * * * * * * *

Ihre Beine ragen
indem sie tragen
das noch schönere.
Ionische Säulen gleich
reizvoll und weich
streben das Höhere.

* * * * * * * * * * * * * * * * * * * *

Meine Stimme wirbt
um das Ohr des Verzücken
belebt was stirbt
an ihres entzücken

* * * * * * * * * * * * * * * * * * * *

Die Forschung der Außenwelt
erfordert eine Sonde
während die Innenwelt
benötigt eine Blonde.

* * * * * * * * * * * * * * * * * * * *

Mit dir Haut an Haut
liege ich Äonen
auch wenn das nicht vertraut
mit allen Religionen.

Weiblicher Körper

Ich ziehe den Körper ab
feucht mit der Zunge
seinen Duft lasse ich hinab
steigen in die Lunge.

Der Tenor

Bei unsagbarem fühlen
wirkt wie Taub das Ohr
nur mit den Gefühlen
nimmt man Wahr den Tenor.

* *

Sollte es nicht kitzeln
an der Liebesschwelle
so sage der Liebe lispeln
tschüß auf der Stelle.

* *

Wir sind zwei Bienen
die sich frei bedienen
wenn sie Säfte nippen
aus glühenden Lippen.

* *

Wer will dem Denken
die Liebe allein überlassen
der braucht ihr nichts schenken
den hat sie längst verlassen.

Wer wagt zu versuchen
wilde Liebe zu zähmen
der wird zum Eunuchen
zwischen ihren Zähnen.

* *

Dich zu entbehren
ist unvorstellbar
Dich zu verehren
ist wunderbar.

* *

Der Menschen Werte
machen die Kleider aus
der Gesellschaft Härte
spendet Applaus.

* *

Die Naturwelt ist klein
und wird immer kleiner
um sie kümmert sich kein...
aber gar keiner.

In Reben der Rosen
schlummern Blütenträume
deren Duft zu liebkosen
das atmen der Bäume.

* *

Colorado River

Harmlos und durchsichtig
wirkt sein klares Wasser
dessen Strömung flüchtig
schneidet wie ein scharfes Messer.

* *

Die extreme Nähe
beeinträchtigt den Genuß
vergleichbar mit der Ehe
nach dem ersten Überdruß.

* *

Ein großes Herz hätte ich gern
mit dem ich glücklich lebe
es singt und fliegt bis zum Stern
wo ich an seiner Seite schwebe.

* *

Wenn das Leben mir entzieht
Deine Liebe die mich anzieht
so wäre ich gerne ein Träumer
und irdisches leben Versäumer.

Ich bin von Dir gerannt
bis an das Ende der Welt
die Gegend war mir bekannt
habe ich festgestellt.

* *

Wenn sich Gefühle umarmen
umarmt die Erde den Himmel
dazwischen schweben die warmen
Herzen auf beflügeltem Schimmel.

* *

Frage nicht wie ich auf
Dein Wiedersehen reagiere
vieles nehme ich in Kauf
wenn ich D ich nicht verliere.
zeige mir ob Dein Herz
Freude für mich empfindet
entbehre ihm seinen Schmerz
was Freude mit Freude verbindet.

Der dankbare Sohn appelliert an seinen Vater

Deine Liebe war immer groß
schon als ich lag in Deinem Schoß
und als erwachsen erfahre ich doch
die Größe Deiner Liebe immer noch.

Vater, von Herzen möchte ich Dir danken
für alles was Du mir gegeben hast
und ohne zu lesen Deine Gedanken
weiß ich weshalb Du lieben kannst.

Als meine Mutter noch lebte
und vor Glück in Deinen Armen schwebte
hattest Du aus dem Wort ich nichts gemacht
dafür das Wort wir gründlich gedacht.

Ihr hattet Euch gegenseitig ergänzt
und keiner hat jemals den anderen verletzt
und wenn dies doch versehentlich geschah
wart ihr augenblicklich für einander da.

Sie war Deiner Jahreszeiten Welt
die fürs ausgewogene Leben notwendig sind
und damit dieses Gefühl lange anhält
hinterließ sie Dir ihr einziges Kind.

Ihre Liebe zu Dir wird nicht vergehen
sie liebt Dich stärker denn jeh
es zu wissen, damit umzugehen
tut es verdammt unendlich weh.

Aus ihrer Welt spricht sie zu mir
und erzählt unermüdlich von Dir.
Mit Begeisterung nehme ich alles auf
und mein Leben lege ich gerne darauf.

Verpackt mit der Dankbarkeit Band
unterzeichnet von uns beiden
drücke ich es Dir als Geschenk in die Hand
und sage: Es gibt keinen Grund mehr zu leiden.

Die Ehe 1

Die Ehe
Ist das Erhören
Das Gebet der Liebe.
Ein Gebet
Das auch das Band
Eures gemeinsamen Lebens verfaßt.
Ein Band
Aus dem eure Geheimnisse
Und alles woraus die Ehe besteht
Zitiert werden.
Eure Seelen sind die Redner
Und wer wünscht sich unter euch
Schlechter Redner zu sein?
Laßt eure Herzen
Blumen auf den Feldern der Ehe sein.
Laßt eure Gefühlte
Den Duft der Ehe inspirieren.
Laßt einander zwei Quellen sein
Die den Fluß eurer Ehe bilden und schaut aufmerksam hin
Daß jede Quelle
Aus eigener Fähigkeit bis in Ewigkeit
Entspringen kann.

Die Ehe 2

Die Ehe
Ist das Wiedererlangen
die Ganzheit des Urwesens.
Ihre Wahrheit
Ist als Einheit im Denken zu verstehen.
Eine Einheit
Die den Anspruch auf Besitz abschaffen will
In der Anregung der Absicht
Mit ihr im Einklang zu sein.
Jedes eurer Worte trägt dazu bei
Den Kelch der Ehe zu füllen
Der den Durst eurer Seelen löscht.
Ein Kelch
Der für geistreiche Füllung gedacht ist
Nimmt auch eure Anwandlung in sich auf.
Den Kelch der Ehe
Leeren eure Seelen Tag für Tag.
Eure Anstrengungen
Ihn erneut
Geistreich zu füllen
Müssen größer werden.

Ihr werdet zu Liebe

Die Liebe
Strebt die Welt
Des Selbstwerdens.
Ihre Seele
Ist wie ein Segelschiff
bei Windstille.
Aber ihr seid der Wind
und die Stille.
Steuert dieses Schiff
mit Hingabe
an das Ufer eurer Liebe
wo ihr selber
bei der Ankunft des Schiffes
zu Liebe werdet.

Kleid der Liebe

Ihr seid der Stoff
aus dem die Liebe ihr Kleid näht.
Ein Kleid, das ihre Nacktheit verhüllen soll
und eure Werte vertieft.
Die hochwertigen Nähte
mit denen das Kleid an Form und Reiz gewinnt
stammt aus Zuneigung und Verständnis
und Sorgen dafür, daß dessen Zusammenhalt
Beständigkeit erhält.
Sein immer zeitgemäßer Schnitt
ist Allwetter gedacht
und seine Farben sind die der euren.
Das Kleid der Liebe
umfaßt die ganze Welt
mit deren verschiedensten Glaubensbekenntnisse.
Das ist für jeden Einzelnen, wie er selbst, einmalig
des Kleides Anpassungsfähigkeit ist ebenso einmalig
indem das Kleid an allen Körpern
wie gegossen sitzt.
Ein Kleid, das Mann und Frau,
Greis und Kind gleichermaßen tragen
wo alle eine und dieselbe Schönheit
unserer Welt verleihen.

Der Liebe folgen

Grenzenlos folge ich der Liebe
mit dem Geist in der Welt des Wissens
mit dem Körper in dem Grab der Ewigkeit
und mit der Seele
in der Unendlichkeit der Himmel
folge ich ihr.

In der Welt des Wissens
lehrte sie mich die Weisheit des Brahmans
und die Kulturen der arabischen Welt.
Sie brachte mir das damals existierende Wissen
der Bibliothek von Alexandria bei
und zeigte mir das Land der Phönizier
bei der Offenbarung ihrer Geheimnisse.

Im Grab der Ewigkeit
sagte mir die Liebe, liegt kein Ende.
In diesem Grab liegt ein Ursprung.
Dieser Ursprung ist der Beginn meines neuen Seins
aus dem Ewigkeit wird.

In der Unendlichkeit der Himmel
Sagte mir die Liebe
existiert der Ursprung meiner Seele.
Er würde für das Auge unsichtbar
in dem nichts schreiten.

Sein Schatten würde sich
bei der Rückkehr meiner Seele
zu ihrem Ursprung
orten lassen.

Dieses Wissen lehrte mich die Liebe.
Aber sie lehrte mich nicht
noch zeigte sie mir
den Umgang mit ihr selbst.
Wo oftmals das Wissen,
die Liebe mit Geist, Körper und Seele zerstört
dennoch folge ich ihr.

Die Stimme der Liebe

Wenn ihr das Echo einer tiefen Stimme vernehmt,
eine Stimme, die euch den Schlaf raubt
und sich von euch wünscht
die Erfüllung ihrer Träume,
so zeigt euch ihr erkenntlich.

Diese Stimme führt euch
in die Welt der Kinder.
Sie vermischt sich mit ihrem Lachen,
und zeigt sich zufrieden.
In der Stimme der Eltern
erhebt sie sich und sich als Liebesgefühl
in ihre Wort hineinlegt,
was die Kinder das Selbstvertrauen
und die Zuneigung ihrer Eltern
erwerben läßt.

Diese Stimme führt euch
auch in die Welt der Jugend.
Sie läßt sich in der Sprache eurer Körper
vernehmen.
Diese Stimme entspringt aus dem Herzen
eurer Seelen,
strömt durch eure Sinne,
erfaßt die Welt eurer Liebe
und macht euch zu eigen.

Dann führt euch diese Stimme
in die Welt des gesegneten Alters,
und läßt sich in der Vertiefung eures Geistes
vernehmen.
Die Stimme der Liebe gleicht einem Sturm,
der sich nach seiner langen Reise ruhen will.
In diesem Ruhen ruht die eindrucksvolle Größe
der Liebe und mit ihr eine Stimme, der Kinder und
der Jugend.

Lebendigkeit der Liebe

Gäbe es euch nicht
verliert die Liebe
ihren Sinn.
Gäbe es die Liebe nicht
verliert das Leben
gewichtige Bedeutung.

Die Liebe
ist die Sonnen aller Seelen.
Ihre Wärme
vertreibt soziale Kälte
belebt neue Triebe
die des Lebens Blüte
in sich tragen.

Die Liebe
läßt Herz und Seele
im Kern ihrer Festigkeit beben.
Sie rüttelt schlummernde Welten auf
und erquickt geneigte Knospen
aus tiefem Schlaf.

Glaubt an die Liebe

Glaubt an die Liebe,
so glaubt sie an euch
in ihrem Zuhause.

Glaubt ihr nicht an sie,
so glaubt sie weiterhin an euch.

Denn das Zuhause der Liebe
ist größere Vision,
die euch alle umfaßt.

Was nützt es euch, ein Zuhause zu haben,
das nur von euch betreten wird?

Deshalb lehnt euch nicht gegen die Liebe auf,
denn der Glaube der Liebe an euch
ist unzermürbbar.

Fragt jenen Greis, wie es ist
ein Zuhause von der Liebe errichten zu lassen
und er würde euch sagen:

Die Liebe ernährt sich von dem Bedürfnis
euch zu erreichen.
Ihre Wurzeln verfangen sich
in den Tiefen eures Wesens
und gestalten es unerschütterlich.

Das Meer der Liebe

Wenn das Meer der Liebe
die Felder eurer Seelen sucht,
um sich über sie zu ergießen.
So laßt ihre Raine von ihm überfluten,
worin eure Seelen ihre Grenzlosigkeit erlangen
und zugleich all das, was der Liebe nicht
ergeben ist, zu ertrinken.

Ihr seid mit der Liebe geboren
aber ihr seid auch das Ziel,
das die Liebe zu erreichen versucht.

Mit ihrem Meeresblau kristallisiert sie eure Seelen.
Sie widerspiegeln ihren Schein und leuchten ihre
Felder auf,
die zum Teil im Schatten anderer liegen.

Die Seele gedeiht willig im Lichte eurer Tage,
und ruht im Schatten ihres Selbst.

Während eure Tage vergehen und allein das
Vergangene zurückbleibt.
Seid erinnert:
Alles, was ihr bereit, der Liebe zu geben,
wird euch im Kommenden vervielfacht wiederkehren.

Was die Liebe von euch will

Das Ziel der Liebe ist
euch in ihr Herz einzuschließen.
Sie wollte euch für sich gewinnen,
um sich von euch gewonnen zu werden.

Sie will, daß eure Gedanken
klippenfrei in ihrem Meer sind,
in dem ihr als Schiffe unterwegs seid.

Und wenn die Liebe in eurer Aufrichtigkeit widerspiegelt wird,
so will sie euch unermüdlich entgegentippeln.

Oftmals auf scherbigeren Wegen,
wo sie zu bluten beginnt.

Die Liebe will nichts von euch,
was eure Träume ihr
nicht längst offenbart haben.

Sie will das Zusammenfinden eurer Herzen beichten,
und tauft sie mit heiligem Wasser aus ihrem Meer,
als neugeborene in der Welt der Lieben.

Wahrhaftig lieben

Die Liebe wird erkannt
im Gefühl der Sehnsüchte nach ihr.
Sie wird erkannt
im Gefühl der Entfernung von der Geliebten
und auch im Gefühl der seelischen Erhebung
wird sie erkannt.

Wenn das Erleben der Liebe
eure Sehnsüchte nach ihr vermindert,
dann sind eure Sehnsüchte
auf das Lustgefühl gerichtet
und nicht auf die Liebe.

Und wenn die Nähe zur Geliebten
euch der Liebe näher erscheinen läßt
als in der Entfernung,
dann ist eure Liebe Kurzsichtig.

Ich sage euch:
Laßt eure Seelen von der Liebe erheben
und sie mit ihrer Wahrhaftigkeit füllen.
Denn nur der, der seelisch liebt,
liebt auch wahrhaftig.

Die Liebe demütigt nicht

Erzählt nicht darüber,
wie demütigend die Liebe sein kann.
Sondern erzählt darüber,
wie demütigender es ist,
ohne sie zu leben.
Denn die Liebe demütigt nicht,
sie wird gedemütigt.

Das Bedürfnis nicht zu haben,
jemanden lieben zu wollen,
demütigt sie.
Auch in der Äußerung,
die Liebe würde euch binden,
wird sie gedemütigt.
Denn die Liebe bindet nicht,
sie existiert,
um euch zu verbinden.
Und in jeder Verbindung,
die auf die Liebe beruht,
entwickelt sich ein demutfreier Gedanke,
ein Gedanke des Bedürfnisses,
jemanden lieben zu wollen.

Leben und lieben

Ein Leben ohne Liebe zu gestalten
unterstützt das Entstehen eines lieblosen Lebens.
Schenken wir dem Wort Leben ein **i**,
was innig bedeutet, entsteht das Wort lieben.
Innig-leben heißt lieben,
und lieben innig-leben.

Ich sage euch:
Wer sich der Liebe fügt,
der fügt sich zugleich dem Leben.
Und wer sich der Liebe weigert,
der verweigert sich zugleich dem Leben.
Deshalb lebt und liebt im Innigsein,
und laßt die Verbreitung eurer Herzlichkeit zum
Lebensziel werden.
Denn ein Herz ohne Herzlichkeit
ist und bleibt ein Herz des Menschenlebens.
Aber ein Herz der Herzlichkeit
ist und bleibt ein Herz der Liebe
und des Menschlichseins.

Die Liebe messen und wiegen

Die Liebe wiegt sich
im Ton jedes Wortes.

Sie fügt sich dem Wortton hin,
bei dessen Eindringen ins Ohr,
dann Herz und Seele.

Denkt daran:
Die Luft, die euch am Leben erhält,
wiegt gleich viel oder gleich wenig,
wie der Wortton der Liebe.

Dafür wiegt dieser Wortton an Bedeutung
der Luft gleich.
Und gemeinsam sind sie unaufwiegbar.

Gemessen wird die Freude
an der Größe der Liebe.

Gewogen wird die Liebe
in der Größe eurer Freude.
Denn das Gewicht an Maß und die Größe eures Lebens
formt die Liebe,
damit diese Form gigantisch wird,
laßt die Liebe eurem Leben maßgeblich sein.

Die Begegnung mit der Liebe

Ihr beklagt euch,
eure Liebe nicht gefunden zu haben.
Ihr sagt auch,
daß ihr in fast allen Ländern der Erde ward,
daß ihr einige Fremdsprachen gelernt habt,
daß ihr euch teilweise fremde Kulturen,
Traditionen und Bräuche angeeignet habt
und vermittelt den Eindruck,
daß es kaum noch zu überbieten sei.
Dennoch seid ihr der ersehnten Liebe nicht
begegnet.

Ich sage euch:
Solltet ihr jemals über solche Macht verfügen,
daß ihr an die tiefste Stelle des tiefsten Gewässers gelangt
und dort dessen unberührten Grund aufwühlt,
jenseits der ununterbrochenen Stille nach der
Liebe zu suchen,
so sucht ihr vergebens.

Solltet ihr jemals über solche Macht verfügen,
daß ihr die Lüfte erobert, beim Blitzen und Donnern,

beim Zwitschern der Vögel und Kreisen der Steinadler,
beim Sonnenschein und Heiterkeit des Himmels nach der Liebe zu suchen,
so sucht ihr vergebens.

Und solltet ihr jemals über solche Macht verfügen,
daß ihr alle Urwälder der Erde durchwandert,
sie Zentimeter für Zentimeter absucht
und ihre Geheimnisse und Rätsel auflöst,
nach der Liebe zu suchen,
so sucht ihr vergebens.

Wer der ersehnten Liebe begegnet
und sie gegenwärtig erleben will,
der muß sie fühlen.

Die Liebe ist mehr als ein Wort

Die Liebe ist ein Wort,
daß auf der Zunge zergeht. Sagt ihr

Sie ist ein Wort,
das für viele unausgesprochen bleibt.

Sie ist ein Wort
der Höhen und Tiefen.

Ihr sagt auch,
ihr Reiz sei von kurzer Dauer.

Das langfristige Zusammensein,
schwächt die Intensität
und den Glanz ihrer Farben.

Ich sage euch:
Die Liebe ist mehr als ein Wort,
die Liebe ist DAS WORT,
das einem Menschenleben
neue Maßstäbe verleiht.

Der Glanz ihrer Farben ist unvergänglich.
Ihre Intensität habt ihr zu bestimmen.
Denn die Gebrechen

der Zusammengehörigkeit im schreitenden Alter
zeichnet den Reiz der Liebe aus.

In ihren Hautfalten demonstriert sie unverwechselbare Stärke.
Auch in den Adern,
die sich wie Wurzeln vor der Ausscheidung
aus der Erde herauszudrängen scheinen.

Die Liebe ist VIEL mehr
als ein Wort.

Ruf der Liebe

Wer dem Ruf der Liebe nachgeht,
der findet den Rufenden.
Kein Weg ist zu lang,
keine Weite unerreichbar.
Denn die Reichweite des Wollens ist unermeßlich.

Der Ruf der Liebe läßt die Armut und den Reichtum erkennen,
in der Unendlichkeit der Menschen Tiefe.
Seine Töne bestehen aus seelischen Wunden und Herzensleere,
wie aus Lebensfreude und Liebesglück.

Die Entstehung dieser Töne geschieht in der Ausgewogenheit der Einschmälzung von Verzerrung und Sehnsüchte, wie von Hoffnung und Erfüllung.
Ein ertöntes Leben gleicht einer inneren Zusammengehörigkeit und dient als unentbehrliche Mündung aller Strömungen.

Wer diese Töne im leisesten nicht wahrnimmt,
der nimmt sie auch im lautesten nicht wahr.
Wer aber diese Töne erkennt,

der erkennt sein Selbst und damit nimmt er sich wahr,
worin der Rufende zu finden ist.

Ihr seid die Liebe

Ihr beklagt euch,
die Ansprüche der Liebe würden in der Nacht wachsen,
am hellen Tag wuchern sie,
das Zeichen ihrer Erkenntlichkeit.

Ihr sagt auch,
jeder Tag würde der Liebe ein neues Gesicht verleihen,
das wiederum der Nacht zum Opfern fällt.

An der Kippe der Verzweiflung droht die schwachwerdende Flamme
eure Hoffnung zu löschen,
die Liebe zu überzeugen,
ihr wäret ihr ebenwürdig.

Ich sage euch:
Die Liebe besitzt ein einziges Gesicht.
Ein Gesicht der Vielseitigkeit,
dessen Fundament beruht auf der Liebe.

Zorn, Verzweiflung sind die Ebenbilder,
ihren eigenen Gesichtern,

wie die Liebe das Ebenbild ihres eigenen Gesichtes ist.

Und wer könnte diesem Ebenbild ebenwürdig sein,
außer ihr selbst.
Denn die Liebe ist das unverwechselbare Kennzeichen der Liebe
und ihr seid das Kennzeichen und die Liebe.

Der gute Hirte

Ihr erzählt aus der Verwirrung heraus.

Die Liebe sei friedlich,
wie die Blicke der Einklänge.

Sie sei wie das erste Wort der ersten Begegnung.

Zugleich sei sie feindlich, herzzerschmetternd
und wild wie ein rasender Fluß in's ungewisse.

Ich sage euch:
Wüßtet ihr, wer ihr seid?
So würde sich eure Verwirrung rascher einlegen,
als der Glut im strömenden Regen.

Eure Liebe mag wie ein Lamm
und ein Wildtier zugleich sein.

Wenn der Hirte das Wildtier außer acht läßt,
fällt das Lamm zum Opfer.

Und wenn der Hirte das Wildtier im Auge behält,
geht das Lamm verloren.

Deshalb muß der Hirte beiden die gleiche Aufmerksamkeit widmen,
um gegenseitigen Respekt zu erwerben.
Und er sie gesund im Zaum zu halten.
Und wer könnte dieser Hirte sein,
außer ihr selbst.
Deshalb seid ihr in eurem Interesse der gute Hirte.

Die Liebe will wahr werden

Die Liebe ist wie das Unterbewußtsein,
das durch euch bewußt werden will.
Sie schlummert in euch und wirkt dabei
in Gedanken wahr zu werden.
Aus diesen Gedanken entspringt ein Fluß der Selbsterkenntnis,
der den Weg zu eurem ICH sucht,
um dort zu münden.
Auf dem Weg dorthin
bestimmt euer Bewußtsein den Flußverlauf.
Erleichtert ihr den Flußverlauf,
so erleichtert ihr damit das eigene Leben.
Erschwert ihr den Flußverlauf,
so erschwert ihr damit euer eigenes Leben,
denn jeder Gedanke enthält die Fähigkeit,
entweder einen Damm aus dem nichts
in die Höhe zu schlagen,
oder einen vorhandenen in sich stürzen zu lassen.
Die Liebe will in und durch euch wahr werden.

Das Herz einer Frau

Forsche nicht mit deinem Wissen das Herz einer Frau.
Vielmehr liebe es und in deiner Liebe zu ihm leuchtet dir dein Leben ein.

* * *

Wer den Tempel der Liebe betreten will,
der muß wissen, das Herz einer zu lieben.

* * *

Das Herz einer Frau erhebt euch
über die monumentalsten und gigantischsten Denkmäler der Liebe.

* * *

Der Himmel regnet durch die Augen einer Frau.
Wenn die Wolken des Lebens ihr sonniges Herz überschatten.

* * *

Das Herz einer Frau ist unermeßlich,
doch seine Mitte ist die Liebe.

* * *

Wer sein Herz einer Frau spärlich öffnet,
der erblickt dürftig die Schätze des Lebens.

* * *

Wer sein Herz an eine Frau verliert,
der findet es auf dem Gipfel seines Lebens.

* * *

Das Leben offenbart sich im Gesicht einer Frau
Wenn die Flamme der Liebe ihr Herz erfaßt.

* * *

Das Leben zeigte mir eine Frau
und ich erkannte mich selbst.
Die Frau zeigte mir das Leben
und ich erkannte mein Herz.
Mein Herz zeigte mir die Frau des Lebens,
und ich begann ihr Herz zu erkennen.

Nichts außer der Liebe kann das Herz einer Frau durchdringen,
während eine Träne seine Hülle bricht.

* * *

Wie wollt ihr das Herz einer Frau erobern,
wenn euer Herz nicht das Mittel ist?

* * *

Pflege dein Wort, das sich im All verliert.
Denn dessen Echo wird im Himmel Gehör finden.

* * *

Eine Woge aus Wut
vernichtet Lebenswerke.

* * *

Ein Gedanke, der im Sturm gedeit,
zerstört den inneren Frieden.

* * *

Im Kampf um die Liebe bluten die Herzen.
Ein Blut, das sich in die Seelen ergießt.
Schwerter, die aus Worte bestehen,
zerreißen jenes Schutzgewebe.
Schwenken verirrt zwischen den Wurzeln der
Lebendigkeit, und ruhen in den Tiefen der entstandenen Wunden.

* * *

Verzeihe Allen mein Bruder,
die Dir Unrecht tun.
Verzeihe im Sinne Gottes,
so wärst Du dem Himmel nah.

* * *

Wenn Du den Gefallen,
den Du anderen getan hast,
als erwähnenswert betrachtest,
dann hast Du in Deinem Leben
nichts von Herzen getan.

* * *

Eine reife Frau wie du,
ist für mich wie eine Eiche,
die auf ihr Alter stolz sein darf.
Sie ist zwar mit ihren unzähligen
Blättern und Zweigen sehr reich,
aber ihr Durst nach dem Leben
wird immer größer.

* * *

Das Lächeln der Jugend
enthält die Hoffnung,
eines rücksichtsvollen Lebens.
Wenn der Mensch,
wie ein Baum wäre
der sein verborgenes ICH
in Blüten zeigt,
so würde der Mensch
mit seinem Duft
die Liebe betören.

* * *

Tränen, die im innern
keine Spur hinterlassen,
sind nicht wert,
vergossen zu werden.

Das Leben schult in euch,
was weder Schulen, Universitäten
oder ähnliche Einrichtungen
zu schulen in der Lage sind.

* * *

Die Ehe
ist der Liebeskeim
der seinesgleichen sucht.
Das Zusammenfinden
ist das Delta eurer Tage
das den Liebeskeim befruchtet.

* * *

Wenn ich die Post
der fernen Zukunft empfange,
wenn ich in ihr
die Sterne vorfinde,
und ein Baum
jenseits ihrer Lichter gedeiht,
erkenne ich meine Weite
und den irdischen Zusammenhang.

* * *

Wenn du tatenlos zuschaust,
wie deine Träume flüchten
und eine niedergeschlagene Hoffnung
am Gesicht deines Lebens hinterlassen,
dann wundere dich nicht,
weshalb die Lebensfreude
sich mit dir
nicht befreunden kann.
Wer in seinem Leben
nicht gelitten hat
der hat noch nicht
wahrhaftig gelebt.

* * *

Leiden ist weder Depression
noch traurig sein.
Leiden, ist die Voraussetzung
zum Erlangen der Menschenreife.

* * *

Wer die Wassertiefe
im Meer des Leidens
nicht erkundet,
der leidet oberflächlich.

Licht oder Finster?

Im Menschen Innern
mit Finster und Licht,
sind die Worte vermischt
Dein Selbst und Sein,
lassen ganz allein
an eins erinnern.

Idee

Die Erdanziehungskraft
ist im Vergleich
zu deiner Weiblichkeit
harmlos.

Sonnenschein

Kein Sonnenschein erhellt mein Herz
wenn du es nachts nicht erwärmst.
Sein dunkler Schmerz würdevoll
dein Liebessein in sich verbirgt.
Ich wache Nächte die nicht vergehen,
ohne dein Bild in mir zu prägen.
So eilt mein Geist den Gedanken
nach deinem Herzen sagend:
du bist mein.
Die Trauer, Tränen die Wimpern benetzen,
wölben sie ein wie Himmelszelt
im Tränenfall offenbart sich glitzernd
weit von dir meine Seelenlust.

Ewige Liebe

Zum Bluten
foltert die Liebe mein Herz.
Das geronnene Blut,
übertüncht die Unschuld.
Gefangen in anderer Gestalt
Mein Herz
im gitterfreien Raum.

Zum Sterben
fehlt der letzte Atemzug.
Der Erde wird
mein Körper gleich,
geliehene Liebesfrist
ist ewig ersetzt.
Staub überschattet
die Seelen fahrt.

Idee

Die Liebe ist
die weiseste Orientierung
für Deinen Weg
und eine solide
Basis
für eine Zukunft,
die das ganze Jahr über
blühend
bleibt.